Christoph Winter

Der Storemanager Selbstanalysebogen

Christoph Winter

Der Storemanager Selbstanalysebogen

Stell ich mich in Frage?

Trainerverlag

Impressum / Imprint
Bibliografische Information der Deutschen Nationalbibliothek: Die Deutsche Nationalbibliothek verzeichnet diese Publikation in der Deutschen Nationalbibliografie; detaillierte bibliografische Daten sind im Internet über http://dnb.d-nb.de abrufbar.

Bibliographic information published by the Deutsche Nationalbibliothek: The Deutsche Nationalbibliothek lists this publication in the Deutsche Nationalbibliografie; detailed bibliographic data are available in the Internet at http://dnb.d-nb.de.

Coverbild / Cover image: www.ingimage.com

Verlag / Publisher:
Der Trainerverlag
ist ein Imprint der / is a trademark of
OmniScriptum GmbH & Co. KG
Heinrich-Böcking-Str. 6-8, 66121 Saarbrücken, Deutschland / Germany
Email: info@verlag-trainer.de

Herstellung: siehe letzte Seite /
Printed at: see last page
ISBN: 978-3-8417-5093-8

Inhaltsverzeichnis

1. Einleitung

Der Storemanager-Selbstanalyse-Bogen soll Führungskräften im Einzelhandel Klarheit über verschiedene Themenbereiche verschaffen. Es soll ein Werkzeug für die Führungskraft sein, um sich in bestimmten Bereichen positiv zu entwickeln. Die Themenbereiche sind praxisrelevant und daher für die Führungskraft leicht nachvollziehbar. Durch den Selbstanalysebogen sollen folgende Verhaltensweisen bei der Führungskraft geschaffen werden:

- Erkennen
- Ziele setzen
- Bearbeiten
- Selbstreflexion

Der Aufbau des Storemanager-Selbstanalyse-Bogens ist klar und übersichtlich strukturiert. Die Themenbereiche werden alle nach dem gleichen Schema dargestellt, sodass der Storemanager sich bei jedem neuen Thema nicht umstellen muss. Der Aufbau eines jeden Themenbereichs ist folgendermaßen strukturiert:

Bereich:	Thema
Einführung:	Beschreibung des Themas
10 Fragen:	Konkrete Fragen, die ehrlich von der Führungskraft beantwortet werden
Reflexionsfragen:	Reflexionsfragen, die ehrlich von der Führungskraft beantwortet werden

1.1. Meine Motivation

Der Grund warum ich diesen Storemanager-Selbstanalyse-Bogen schreibe ist einfach. Es gibt immer wieder Situationen im Leben, wo man zweifelt, sich nicht sicher ist und man sich einfach nicht traut gewisse Entscheidungen zu treffen. Da will ich durch einfaches Beantworten von Fragen Unterstützung bieten. Weiterhin wird der Storemanager-Selbstanalyse-Bogen folgende Vorteile bieten:

- Klarheit
- Orientierung
- Erkenntnisse in kritischen Situationen
- Einfachheit
- Lösungen durch Ehrlichkeit
- Wege
- Alternativen und Perspektiven
- Wege zur Selbstverpflichtung
- Möglichkeiten zur Intensivierung der Selbstverantwortung

Weiterhin ist bei der Umsetzung folgendes zu beachten:

- Fragen ehrlich beantworten
- Fragen offen und unbefangen beantworten
- Fragen intuitiv beantworten
- Fragen als Chance sehen
- Fragen als Ist-Zustand wahrnehmen
- Fragen als Weiterentwicklungsmöglichkeit sehen
- Fragen als positive Perspektive sehen
- Fragen als Grundlage für eine bessere Zukunft sehen
- Fragen als normales Hinterfragen ansehen
- Fragen grundsätzlich positiv begegnen
- Fragen mutig und selbstkritisch beantworten
- Fragen als selbstverständliches Selbstanalysewerkzeug ansehen

Wo Klarheit herrscht, fließt Energie!

2. Bereich: Kundenorientierung/ Serviceorientierung

2.1. Einführung: Kundenorientierung/ Serviceorientierung

„Der Kunde zahlt mein Gehalt“, hat ein Vorgesetzter mal zu mir gesagt. Es ist so richtig. Der Kunde hat vieles in der Hand, auch meinen Arbeitsplatz als Storemanager. Ich bin vom Kunden abhängig. Folglich muss ich den Kunden hegen und pflegen, damit er nicht beim Mitbewerber bzw. online kauft. Der Kunde ist heute sensibel, sprunghaft, nachtragend und verletzlich. Er muss sich heute nichts mehr gefallen lassen. Falls er sich schlecht bzw. ungerecht behandelt fühlt, kauft er halt woanders. Ganz einfach. Er straft das Geschäft mit Nichtkauf bzw. Fernbleiben vom Geschäft.

Der Storemanager muss also zuerst bei sich anfangen und überlegen was gut in seinem Store läuft und in Frage stellen, was nicht gut läuft. Es ist vieles im Geschäft möglich, um eine authentische Kunden- und Serviceorientierung zu organisieren. Der Storemanager hat in diesem Prozess eine Schlüsselposition, denn seine Mitarbeiter sehen genau, was der Storemanager macht bzw. nicht macht. Die Mitarbeiter haben Argusaugen. Es sind die einfachen Dinge, die der Storemanager gut machen muss.

- Aktive und positive Kundenbegrüßung
- Kompetente und freundliche Kundenberatung, Kundenbedienung (Bedienen kommt von Dienen…)
- Angenehme Kundengespräche
- Partnerschaftliche Kundenkontakte
- Erzeugen von einem Wohlfühlklima für den Kunden
- Unaufdringliche Kontaktaufnahme mit dem Kunden

Wichtig bei diesem Punkt Kunden/ Serviceorientierung ist aber wie immer:

„Vorbild des Storemanagers“

Er muss die kunden- und serviceorientierte Grundeinstellung vorleben und den Kunden im Fokus seines Denken und Handeln haben.

- **Konsequentes Denken aus Kundensicht**

Das konsequente Denken aus Kundensicht setzt natürlich einige Eigenschaften des Storemanagers voraus, die da u.a. wären:

- Empathie
- Kritikfähigkeit
- Sich selbst in Frage stellen
- Offenheit
- Bereitschaft zur Veränderung
- Aktives Erfragen von Feedback von Kunden am Point of Sale

Diese Eigenschaften werden den Storemanager dahingehend unterstützen, dass er sich nicht ausruht und den Entwicklungsprozess als normalen Bestandteil seiner Arbeit ansieht.

2.2. 10 Fragen: Kundenorientierung/ Serviceorientierung

(„Wenn Sie sich um den Kunden bemühen, kommt er zurück. Wenn Sie sich um Ihr Produkt kümmern, kommt es nicht zurück") Richard Whiteley, amerikanischer Unternehmensberater

1. Was erwartet der Kunde überhaupt?

____

2. Weiß ich was der Kunde will?

____

3. Wie erfahre ich die Kundenwünsche meiner Kunden?

___

4. Warum würde ich meinen Laden aus Kundensicht aufsuchen?

___

5. Wie ist das Verhältnis zu meinen Kunden? Offen? Ehrlich?

___

6. Welche Möglichkeiten nutze ich, um Feedback von meinen Kunden einzuholen?

___

7. Woran liegt es, dass die Kundenfrequenz des Ladens gestiegen bzw. gefallen ist?

___

8. Welchen Zusatznutzen kann ich den Kunden bieten, damit ich nachhaltig bei Ihnen in positiver Erinnerung bleibe?

___

9. Welche Serviceleistungen biete ich an und welche will ich in Zukunft anbieten?

___

10. Womit könnte ich meine Kunden überraschen?

___

2.3. Reflexionsfragen

1. Was habe ich gelernt?

___

2. Was mache ich wann, wie und wo?

___

3. Wie nutze ich aus den Erkenntnissen was?

___

4. Was will ich jetzt tun?

___

5. Warum will ich handeln?

___

3. Bereich: Verkauf

3.1. Einführung: Verkauf

Der Verkauf ist die Grundlage für das Geschäft. Hier ist folgende Grundsatzfrage klar für den Storemanager herauszustellen: „Will ich verkaufen?" Der Storemanager muss sich klar darüber sein, dass er folgende Aspekte, was den Verkauf anbetrifft beachten muss:

- Der Storemanager verkauft aktiv mit
- Der Storemanager sieht den Verkauf als Basis für seine Erkenntnisse und Entscheidungen
- Der Storemanager sieht den Verkauf als Feedback-Basis
- Der Storemanager kann nur im Verkauf Dinge anschieben
- Der Storemanager muss im Verkauf präsent sein

- Der Storemanager sieht den Verkauf als wichtigsten Platz an
- Der Storemanager kann ohne den Verkauf nicht leben

„Verkaufen ist wie Liebe“, das ist ein Buch, das ich vor einigen Jahren gelesen habe. Hier wurde nochmal klar beschrieben, dass das Verkaufen eigentlich ganz einfach ist. Liebe bedeutet: Zuneigung, Vertrauen, Geborgenheit, Klarheit, magische Anziehung, Hin-Zu Gefühl, Wohlfühlen, gutes Gefühl, Nach Hause kommen.
Wenn der Storemanager diese Attribute berücksichtigt und sein Team in dieses Thema so instruiert, dann wird der Verkauf auf Dauer leichter und erfolgreicher. Verkaufen kann so einfach sein, wenn nur die richtige Basis gefunden wird.

3.2. 10 Fragen: Verkauf

1. Warum kommt „Bedienen“ von „Dienen“?

___

2. Warum verkaufe ich gerne?

___

3. Wofür verkaufe ich?

___

4. Will ich überhaupt verkaufen?

___

5. Was sind positive Signale des Verkäufers?

___

6. Stehe ich überhaupt hinter Store und Produkt?

---

7. Liebe ich meinen Job?

---

8. Ist der Ort, wo ich arbeite, genau das was ich will?

---

9. Warum ist „Verkaufen“ so einfach?

---

10. Welches Wort fällt mir sofort zu „Verkaufen“ ein?

3.3. Reflexionsfragen

1. Was habe ich gelernt?

---

2. Was mache ich wann, wie und wo?

---

3. Wie nutze ich aus den Erkenntnissen was?

---

4. Was will ich jetzt tun?

---

5. Warum will ich handeln?

---

4. Bereich: Shop (Ort an dem ich mich wohlfühlen muss)

4.1. Einführung: Shop

Der Shop oder Store ist das Zuhause vom Storemanager und seinem Team. Storemanager und Team müssen sich wohlfühlen im Zuhause. Folglich ist es wichtig, dass der Storemanager bestimmte Aspekte berücksichtigt.

Angenehmer Aufenthaltsraum, gut ausgerüstete Küche, (Budget für Tee, Kaffee etc.) WC für Damen und Herren, gute Storebeleuchtung, entlastender Fußboden. Der Store ist zudem wie ein großes Spielfeld zu sehen. Der Storemanager ist Trainer und muss seine Mitarbeiter so auf dem Spielfeld (Store) einsetzen, dass jeder seine Fähigkeiten und Fertigkeiten am besten für die Mannschaft einsetzen kann.

Weiterhin ist der Shop ständig in Bewegung. Neue Ware, neue Dekoration, neue Anreize für den Kunden schaffen, neue Promotion. Es ist wichtig, dass der Storemanager mit dem Shop eine Einheit bildet. Shop und Storemanager müssen miteinander verschmelzen. Es ist wichtig, dass der Storemanager sich sehr mit dem Store identifiziert - wichtig für Kunden und Mitarbeiter.

4.2. 10 Fragen: Shop

1. Gehe ich mit Kundenaugen durch den Store?

---

2. Wenn ich das mache, was fällt mir sofort auf?

---

3. Wie oft muss ich wöchentlich mit Kundenaugen durch den Store gehen?

---

4. Welche Bereiche bereiten mir im Store Kopfzerbrechen?

---

5. Warum ändere ich nichts, obwohl es schon längst sein müsste?

---

6. Welche grundsätzlichen Werte will ich mit dem Store transportieren?

---

7. Decken sich die kommunizierten Werte mit dem Denken und Handeln der Mitarbeiter?

---

8. Was will ich mit dem Store erreichen?

---

9. Warum muss ich mich als Geschäft immer wieder in Frage stellen?

---

10. Welche Bedeutung hat Entwicklung für mich?

4.3. Reflexionsfragen

1. Was habe ich gelernt?

---

2. Was mache ich wann, wie und wo?

---

3. Wie nutze ich aus den Erkenntnissen was?

---

4. Was will ich jetzt tun?

---

5. Warum will ich handeln?

---

5. Bereich: Teamführung

5.1. Einführung: Teamführung

Das hört sich immer sehr gut an. T E A M. Das Team ist die wichtigste Grundlage, um den Store optimal zu betreiben. Der Storemanager hat die Fäden in der Hand und das Team ist das Spiegelbild vom Storemanager. Die Werte, die der Storemanager vorlebt werden sich über kurz oder lang auf die Mitarbeiter übertragen. Der Storemanager muss sich das Vertrauen des Teams hart erarbeiten, denn die Mitarbeiter sind naturgemäß sehr kritisch. Gerade wenn der Storemanager ganz am Anfang steht, kann einiges schief laufen. Der Storemanager muss auf sein Verhalten achten, wie er redet, was und wie er etwas sagt. Zudem ist es sehr wichtig, dass er darauf achtet, wie er mit seinen Mitarbeitern und Kunden umgeht. Ziel muss es sein, dass ein loyales, kompetentes, teamorientiertes, entwicklungsbereites Team entsteht. Das braucht Zeit, aber das ist auch sehr spannend und die investierte Zeit, die der Storemanager dafür aufwendet, wird sich langfristig positiv auf die Teamentwicklung auswirken.

Ein Team zu formen und zu entwickeln ist ein permanenter Prozess, der nie aufhört. Das ist so, aber das ist auch gut so. Der Storemanager muss auch

Herausforderungen und Aufgaben annehmen die Mannschaft im Gleichgewicht zu halten. Wenn er die Wichtigkeit dieses Teils seiner Arbeit unterschätzt, wird es nicht einfach zum Storemanager werden.

Bestimmten Einflüssen ist ein Team einfach ausgesetzt - wie Personalwechsel, Kündigungen von Arbeitgeber- und Arbeitnehmerseite, Krankheitsausfälle von Mitarbeitern, Unterstützung von anderen Mitarbeitern in anderen Filialen etc. Der Storemanager muss in der Lage sein, sein Team so zusammenzustellen und zu entwickeln, dass es für den Store am besten ist.

T E A M = **T**ogether **E**veryone **A**chieves **M**ore

Der Storemanager muss diese Grundeinstellung der Mitarbeiter schärfen, um das Leistungspotenzial der Mitarbeiter optimal zu nutzen. Es ist klar, dass jeder ein Individuum ist, aber viel wichtiger ist es, die Stärken eines jeden Einzelnen so gut wie möglich in die Gruppe einfließen zu lassen. Somit wird das Team erfolgreich sein und langfristig noch leistungsfähiger werden.
Das ist eine Hauptaufgabe des Storemanagers.

5.2. 10 Fragen: Teamführung

1. Warum ist Teamführung so wichtig?

___

2. Was bedeutet „Führung“ für das **Team**?

___

3. Welche Auswirkungen sollte gute Führung haben?

___

4. Warum ist ein Team nie perfekt?

---

5. Was bedeutet „Führung“ für **mich**?

---

6. Welche Bedeutung haben die Mitarbeiter für ein Team?

---

7. Wie lasse ich ein Team besser zusammenwachsen?

---

8. Welche Aufgaben habe ich als Teamchef?

---

9. Warum macht ein bestimmter Mitarbeiter nicht das, was ich ihm sage?

---

10. Welche Fehler mache ich?

5.3. Reflexionsfragen

1. Was habe ich gelernt?

---

2. Was mache ich wann, wie und wo?

---

3. Wie nutze ich aus den Erkenntnissen was?

---

4. Was will ich jetzt tun?

---

5. Warum will ich handeln?

5.4. 10 Fragen: Teamtraining

1. Warum muss ich mein Team trainieren?

---

2. Wie setze ich das um?

---

3. Was muss ich dabei beachten?

---

4. Aus welchen Gründen ist Training wichtig fürs Team?

---

5. Wer bekommt welches Training?

---

6. Habe ich einen Trainingsplan für meine Mitarbeiter?

---

7. Bin ich mir als Vorgesetzter über die Wichtigkeit von Trainings bewusst?

___

8. Informiere ich mich selber über Trainingsmethoden?

___

9. Welche außergewöhnlichen Methoden probiere ich einfach mal aus?

___

10. Was bringt es dem Mitarbeiter persönlich?

___

5.5. Reflexionsfragen

1. Was habe ich gelernt?

___

2. Was mache ich wann, wie und wo?

___

3. Wie nutze ich aus den Erkenntnissen was?

___

4. Was will ich jetzt tun?

___

5. Warum will ich handeln?

___

5.6. 10 Fragen: Mitarbeiter

1. Bin ich mit meinen Mitarbeitern zufrieden?

___

2. Wenn nicht, warum ändere ich nichts?

___

3. Bin ich inkonsequent?

___

4. Treffe ich ungern unangenehme Personalentscheidungen? Wenn ja, warum?

___

5. Ist jeder Mitarbeiter dort eingeteilt, wo er seine Stärken zeigen kann?

___

6. Habe ich für jede Position eine klare Jobbeschreibung?

___

7. Ist jeder Mitarbeiter mit den grundsätzlichen charakterlichen Eigenschaften ausgestattet, die ich mir vorstelle, oder lasse ich mich blenden?

___

8. Gibt es Mitarbeiter im Team, die sich auf der Teamleistung ausruhen?

___

9. Ist sich jeder Mitarbeiter bewusst, das J E D E R fürs Team wichtig ist?

___

10. Bin ich vorbereitet, falls morgen ein Mitarbeiter kündigt?

___

5.7. Reflexionsfragen

1. Was habe ich gelernt?

___

2. Was mache ich wann, wie und wo?

___

3. Wie nutze ich aus den Erkenntnissen was?

___

4. Was will ich jetzt tun?

___

5. Warum will ich handeln?

___

5.8. Bereich: Respekt

5.9. Einführung: Respekt

Respekt hat in meinen Augen etwas mit Anstand, Moral und Grundsätzen zu tun, die die Menschlichkeit ansprechen. Ebenfalls hat Respekt auch etwas mit Achtsamkeit zu tun. Denn wenn ich achtsam bin, gehe ich grundsätzlich vorsichtiger mit meinen Mitmenschen um.

5.10. 10 Fragen: Respekt

1. Was bedeutet Respekt für mich?

___

2. Wie interpretiere ich „Respekt“?

___

3. Will ich respektvoll mit meinem Gegenüber umgehen?

___

4. Wofür ist respektvolles Verhalten wichtig?

___

5. Ist „Respekt“ ein wichtiger Bestandteil in meinem Leben?

___

6. Warum ist es mir wichtig?

___

7. Lebe ich diese Grundeinstellung?

___

8. Erinnere ich andere Menschen in meinem Umfeld daran?

___

9. Will ich meine Mitmenschen respektvoll behandeln?

___

10. Will ich „Respekt“ verdienen?

____

5.11. Reflexionsfragen

1. Was habe ich gelernt?

____

2. Was mache ich wann, wie und wo?

____

3. Wie nutze ich aus den Erkenntnissen was?

____

4. Was will ich jetzt tun?

____

5. Warum will ich handeln?

____

6. Bereich: Kommunikation („Wer nichts sagt, der nichts bekommt“)

6.1. Einführung: Kommunikation

Kommunikation besteht immer in irgendeiner Form. Man kann nicht nicht kommunizieren. Laut Friedemann Schulz von Thun ist die Kommunikation ein Thema, das viel entscheidender ist als man denkt. Es gibt beispielsweise die vier Seiten einer Botschaft, die auf unterschiedlichen Ebenen wahrgenommen werden kann. Sachebene, Beziehungsebene, Selbstoffenbarungsebene und Appellebene. Wenn der Sender bestimmte Botschaften sendet, also kommuniziert, dann muss die Botschaft nicht immer auch so ankommen wie vom Sender gewollt. Häufiger Fehler beim Empfänger, nach meiner Erfahrung ist es, dass der Empfänger beispielweise Kritik auf der Beziehungsebene aufnimmt anstatt auf der Sachebene. Der Empfänger nimmt also mit dem Beziehungsohr statt mit dem Sach-Ohr auf.

Das hat zur Folge, dass der Empfänger sich persönlich angegriffen fühlt. Somit kann der Empfänger (Mitarbeiter, Freund, Freundin, Schwester, Mutter, Onkel etc.) sich leider nicht weiterentwickeln, da er die Kritik nicht auf der richtigen Ebene wahrnimmt. Er hindert sich selber.

Durch diese Differenz:

Sender sendet auf der Sachebene, Empfänger empfängt auf der Beziehungsebene

kann es zu eklatanten Störungen zwischen z. B. Storemanager und Mitarbeiter kommen. Da es im Geschäftsleben sehr häufig vorkommt, dass Storemanager und Mitarbeiter kommunizieren (müssen) ist es wichtig, dass Irritationen umgehend ausgeräumt werden. Dieses kann nur durch eine klare und eindeutige Kommunikation geschehen. Der Storemanager muss dem Mitarbeiter klar sagen, dass das Feedback sich auf rein sachlicher Ebene bezieht. Die Sache steht im Vordergrund. Wenn das Verhältnis zwischen Storemanager und Mitarbeiter von vorneherein nicht gut ist, wird der Mitarbeiter jegliche Kritik seiner Person betreffend, auf der Beziehungsebene wahrnehmen. Diese Grundlage ist auf Dauer nicht von Vorteil, auch hier ist klar: klare und offene Kommunikation, um eventuelle Ungereimtheiten auszuräumen.

Folgendes Beispiel ist interessant, da Storemanager und Mitarbeiter auf unterschiedlicher Ebene kommunizieren:

Chef sagt zum Mitarbeiter im Lager: „Wie sieht es denn hier schon wieder aus?“

Mitarbeiter nimmt die Äußerung mit dem Selbstoffenbarungsohr auf: „Oh, mein Chef ist aber gestresst, das tut mir sehr leid!“

Mitarbeiter nimmt die Äußerung mit dem Beziehungsohr auf: „Oh, ich bin nichts wert und sehr faul obendrein!“

Folge:
Der Chef hat nur gesagt: „Wie sieht es denn hier schon wieder aus?“ und der Mitarbeiter nimmt es auf unterschiedlicher Ebene auf.

Folgende Äußerungen vom Mitarbeiter bzgl. des Storemanagers können auch symptomatisch sein, wenn der Mitarbeiter einfach das Gefühl hat die Chemie zwischen Storemanager und Mitarbeiter stimmt einfach nicht.

Mitarbeiter: „Der mag mich sowieso nicht!“
Mitarbeiter: „Der hat mich auf dem Kieker!“
Mitarbeiter: „Ich kann machen was ich will, das Verhältnis zum Storemanager wird nicht besser!“
Mitarbeiter: „Ich komme mit dem Storemanager einfach nicht klar!“

Wenn der Mitarbeiter an diesen Punkt angelangt ist, wäre es von Vorteil ein klärendes Gespräch mit dem Storemanager zu führen. Wichtig für den Mitarbeiter wäre die richtige Vorbereitung, in dem er bestimmte Fragen für den Storemanager vorbereitet:

„Was erwarten Sie eigentlich von mir?“
„Sagen Sie mir wirklich was Sie denken?“
„Warum ist unsere Kommunikation so schlecht?“
„Warum bin ich in Ihren Augen ein wichtiger Teil des Teams?“

Wichtig für Storemanager und Mitarbeiter sind folgende Kommunikations-Punkte:

- Die Sache steht im Vordergrund
- Kommunikation muss sein. Ohne diese brechen Strukturen und Verhältnisse auseinander
- Kommunizieren tun wir immer, auch wenn wir es nicht vermuten
- (Beispiel Zugfahrt: Ein Fahrgast sitzt im Abteil und ist sehr in sein Buch vertieft. Er signalisiert mit seinem Verhalten, dass er in Ruhe gelassen werden will. Zudem will er sich auf sein Buch konzentrieren, das ist seine Botschaft)

6.2. 10 Fragen: Kommunikation

1. Was bedeutet Kommunikation für mich?

___

2. Warum ist Kommunikation so wichtig?

___

3. Wie muss Kommunikation sein?

___

4. Welche Fehler mache ich diesbezüglich?

___

5. Aus welchen Gründen werde ich falsch verstanden?

___

6. Was muss ich verbessern?

---

7. Ist mir bewusst, was unzureichende Kommunikation bewirken kann?

---

8. Wie reagieren meine Mitarbeiter auf unbefriedigende Kommunikation?

---

9. Überlege ich erst und rede dann?

---

10. Wie muss ich in Zukunft kommunizieren?

6.3. Reflexionsfragen

1. Was habe ich gelernt?

---

2. Was mache ich wann, wie und wo?

---

3. Wie nutze ich aus den Erkenntnissen was?

---

4. Was will ich jetzt tun?

---

5. Warum will ich handeln?

6.4. Bereich: Spüren/ Sensibilität/ Empathie

6.5. Einführung: Spüren/ Sensibilität/ Empathie

Als Storemanager ist es wichtig, dass er ein Gefühl für sein Gegenüber entwickeln muss. Das ist deswegen so wichtig, weil der Storemanager somit einige Botschaften, die zusätzlich vom Gegenüber gesendet werden, besser aufnehmen und einordnen kann. Er kann besser verstehen und sich daher ein besseres Bild vom Gegenüber machen. Das setzt folgende Eigenschaften vom Storemanager voraus:

- Sich Zeit nehmen
- Bereitschaft zu spüren (Schwingungen, Energieströme positiv wie negativ)
- Fähigkeit sensibel zu sein
- Eigenschaft Empathie (sich in die Lage des anderen hineinversetzen)
- Wahrnehmungsfähigkeit
- Offenheit
- Konzentrationsfähigkeit
- 100%ig bei dem Gegenüber sein

Wenn der Storemanager diese Eigenschaften aufweisen kann, dann wird er im kommunikativen Bereich wachsamer sein. Zudem wird es sich positiv auf den Bereich der zwischenmenschlichen Kommunikation auswirken.

6.6. 10 Fragen: Spüren/ Sensibilität/ Empathie

1. Was bedeutet „Spüren" für mich?

---

2. Nehme „ich“ mich überhaupt bewusst wahr?

---

3. Will ich mich spüren?

---

4. Bin ich sensibel genug?

---

5. Was bedeutet Empathie für mich?

---

6. Warum ist es wichtig?

---

7. Wie werde ich es einsetzen?

---

8. Wann werde ich es probieren?

---

9. Empathie steht für ....?

---

10. Bin ich bereit dafür?

6.7. Reflexionsfragen

1. Was habe ich gelernt?

___

2. Was mache ich wann, wie und wo?

___

3. Wie nutze ich aus den Erkenntnissen was?

___

4. Was will ich jetzt tun?

___

5. Warum will ich handeln?

___

6.8. Bereich: Aufmerksamkeit/ Achtsamkeit/ Mitmenschlichkeit

6.9. Einführung: Aufmerksamkeit/ Achtsamkeit/ Mitmenschlichkeit

Hier geht es vorzugsweise darum, dass man mit sich und seinen Mitmenschen aufmerksam und achtsam umgeht. Häufig ist der Tagesablauf des Storemanagers klar durchstrukturiert. Termine, Meetings, Gespräche, Telefonate, Mitarbeitergespräche, Organisation, Trainings, Verkauf, Coaching etc. Meine Erfahrung ist die, dass man auf sich aufpassen muss. Wenn man den Job des Storemanagers sehr gerne macht, so wie ich, dann muss man umso mehr aufpassen, dass man sich nicht verausgabt. Meine Erfahrung ist die, wenn man eine Aufgabe sehr gerne macht, dann birgt es auch das Risiko, dass zu viel Energie in die Aufgabe investiert wird. Denn dann bleibt keine Energie für einen selber übrig.

Also muss ich auf mich aufpassen und aufmerksam und achtsam mit mir selber umgehen. Das klingt jetzt zwar egoistisch, aber ist Grundlage dafür, dass der Storemanager seinen Job langfristig mit voller Energie und Einsatz ausfüllen kann. Erst wenn der Storemanager gut mit sich selber umgeht, dann hat er auch die Energie aufmerksam und achtsam mit seinen Mitmenschen umzugehen.

6.10. 10 Fragen: Aufmerksamkeit/ Achtsamkeit/ Mitmenschlichkeit

1. Passe ich auf mich auf?

___

2. Sorge ich gut für mich?

___

3. Belohne ich mich?

___

4. Was tue ich mir heute Gutes?

___

5. Bin ich gut zu mir?

___

6. Bin ich achtsam anderen gegenüber?

___

7. Achte ich andere?

___

8. Will ich das?

---

9. Bin ich bereit anderen gegenüber aufmerksam zu sein?

---

10. Was bedeutet Mitmenschlichkeit für mich?

6.11. Reflexionsfragen

1. Was habe ich gelernt?

---

2. Was mache ich wann, wie und wo?

---

3. Wie nutze ich aus den Erkenntnissen was?

---

4. Was will ich jetzt tun?

---

5. Warum will ich handeln?

6.12. Bereich: Zuhören

6.13. Einführung: Zuhören

Dieses Thema ist gerade für den Storemanager ein ganz wichtiges, denn häufig ist es so, dass der Storemanager einen klaren Plan für sich erstellt hat.

Der Vorteil ist, dass er für sich klar strukturiert ist und eine feste Vorstellung hat. Dadurch ist er innerlich schon in gewisser Weise orientiert, was auch wichtig und gut ist. Es wäre schlimm, wenn der Chef nicht orientiert ist. Aber der Storemanager sollte auch zuhören können, das heißt sich die Zeit nehmen, seinen Mitarbeitern wirklich mit allen Sinnen zuzuhören. Es hat auch etwas mit Respekt und Aufmerksamkeit zu tun. Weiterhin sehen die Mitarbeiter bestimmte Situationen und Abläufe einfach anders und der Storemanager kann nach dem Gespräch ja immer noch entscheiden, wie gewisse Situationen gelöst werden. Hier geht es meines Erachtens einfach um neue Impulse, neue Wege, andere Blickwinkel, die der Storemanager vielleicht so in der Form noch gar nicht gedacht hat. Der Storemanager muss sich für das Zuhören öffnen und bereit sein.

Dieses „Zuhören wollen“ erfordert folgende Eigenschaften:

- Empathie
- Bereitschaft sich zurückzunehmen
- Wille, die Meinung des anderen zu hören
- Fokus auf den anderen richten
- Konzentrationsfähigkeit
- Inneres Gleichgewicht
- Offenheit

Das Zuhören wird sich auf Dauer für den Store, Storemanager und das Team positiv auswirken. Folgende positiven Auswirkungen kann das Zuhören haben:

- Klare Worte bewirken Transparenz
- Hemmungen werden abgebaut
- Mitarbeiter werden dazu erzogen offen die Meinung zu sagen, da Ihnen zugehört wird
- Mitarbeiter werden zufriedener

- ➢ Mitarbeiter werden mutiger
- ➢ Mitarbeiter werden motivierter und leistungsfähiger
- ➢ Mitarbeiter werden wertvoller für den Store
- ➢ Mitarbeiter werden entwicklungsbereiter
- ➢ Mitarbeiter werden sich mehr und effektiver in den Store einbringen
- ➢ Das aktive Zuhören gehört natürlich auch zum Zuhören dazu. Es bedeutet, dass beispielsweise aus Storemanagersicht, er im Gespräch mit seinem Mitarbeiter aktiv zuhört.
- ➢ Dieses aktive Zuhören wird durch folgende Dinge klar:
  - Aktives Nachfragen im Gespräch
  - Nicken
  - Bestätigen von Aussagen des Mitarbeiters wie:
    - ✓ „Das habe ich verstanden!“
    - ✓ „Das kann ich nachvollziehen!“
    - ✓ „Das ist eine interessante Anregung, die Sie da anbringen!“
    - ✓ „Das habe ich so noch gar nicht gesehen!“

Das aktive Zuhören bedeutet, dass der Storemanager im Gespräch mit seinem Mitarbeiter nachhakt, konzentriert ist und den Mitarbeiter dahingehend unterstützt, sodass es zu einer Lösung kommt. Das aktive Zuhören ist die Steigerung vom Zuhören und für Storemanager und Mitarbeiter noch intensiver und eindringlicher, da beide Seiten einige Informationen austauschen und sich dadurch neue Lösungen entwickeln können.

6.14. 10 Fragen: Zuhören

1. Erweise ich meinem Gegenüber Respekt?

____

2. Höre ich überhaupt zu?

---

3. Bin ich konzentriert?

---

4. Stelle ich mich auf ihn ein?

---

5. Widme ich mich zu 100% dem anderen?

---

6. Höre ich aktiv zu?

---

7. Bin ich schnell im Kopf und verarbeite den Input gut und brauchbar?

---

8. Erfahre ich die Informationen, die ich will?

---

9. Wofür ist es ratsam „aktiv“ zuzuhören?

---

10. Kann ich aus den vorhandenen Informationen eine Lösung konstruieren?

6.15. Reflexionsfragen

1. Was habe ich gelernt?

---

2. Was mache ich wann, wie und wo?

---

3. Wie nutze ich aus den Erkenntnissen was?

---

4. Was will ich jetzt tun?

---

5. Warum will ich handeln?

6.16. Bereich: Situatives Coaching

6.17. Einführung: Situatives Coaching

Weiterhin kann der Storemanager die Fragen auch so platzieren, dass das aktive Zuhören zum situativen Coaching ausgebaut wird. Das situative Coaching ist kurz, knapp, situationsbedingt, lösungsorientiert und es kommt zu schnellen Umsetzungsprozessen. Gerade im Einzelhandel, wo vieles hinter den Kulissen passiert, ist es wichtig, Situationen zu coachen.

Wenn beispielsweise der Mitarbeiter im Kundengespräch keinen Zusatzverkauf angesetzt hat. Hier muss der Storemanager zeitnah Feedback geben und Fragen stellen.

Beispiel:

Storemanager: „Das Verkaufsgespräch, das Sie gerade mit dem Kunden geführt haben, hat mir grundsätzlich gut gefallen. Sie haben den Kunden begrüßt, eine Bedarfsanalyse gemacht, einige Schuhe gezeigt, Merkmale und Nutzen für den Kunden klar herausgearbeitet. Was hätten Sie noch besser machen können?"

Mitarbeiter: „Ich weiß nicht, es war doch ganz gut!"

Storemanager: „Denken Sie noch einmal nach. Wenn Sie überlegen, was Sie verkauft haben. Sie haben einen Schuh verkauft....

Mitarbeiter: „Oh, ja Zusatzartikel..!"

Storemanager: „ Welche Möglichkeiten hätten Sie da gehabt?"

Mitarbeiter: „Pflegespray, Schuhcreme, Einlegesohlen, Schuhspanner!"

Storemanager: „Gut erkannt. Somit haben Sie sich die Frage selbst beantwortet, was Sie hätten noch besser machen können. Das Gespräch wurde gut von Ihnen geführt, aber der Verkauf hätte kompletter ausfallen können. Beim nächsten Kunden probieren Sie es einfach!"

Mitarbeiter: „Ok, ich probiere es aus!"

6.18. 10 Fragen: Situatives Coaching

1. Will ich mich auf den anderen einlassen?

___

2. Ist mir die Entwicklung des Mitarbeiters wichtig?

___

3. Will ich aus dem Mitarbeiter einen besseren Mitarbeiter machen?

___

4. Nimm ich mir die Zeit diese Gespräche zu führen?

___

5. Wenn nein, warum nicht?

___

6. Welche Mitarbeiter will ich in meinem Team in Zukunft haben?

___

7. Welche Eigenschaften müssen meine Mitarbeiter aufweisen, um bereit zu sein situativ gecoacht zu werden?

___

8. Welchen Stellenwert hat Mitarbeiterentwicklung für mich?

___

9. Will ich fördern?

___

10. Bin ich lösungsorientiert eingestellt?

___

6.19. Reflexionsfragen

1. Was habe ich gelernt?

___

2. Was mache ich wann, wie und wo?

___

3. Wie nutze ich aus den Erkenntnissen was?

---

4. Was will ich jetzt tun?

---

5. Warum will ich handeln?

6.20. Bereich: Wertung/ Wahrnehmung

6.21. Einführung: Wertung/ Wahrnehmung

Seitdem ich einen Coaching-Kurs besuche und dazu parallel dann einige Bücher gelesen habe, ist mir dieser Punkt „Wertung/ Wahrnehmung“ immer wichtiger geworden. In meinen Augen ist auch dieser Punkt für den Storemanager wichtig. „Wertung/ Wahrnehmung“ ist ein Grundsatz aus dem Coaching und der Storemanager ist auch Coach. Er coacht täglich seine Mitarbeiter und versucht diese jeden Tag besser zu machen.

Folgende Begriffe haben wir in der Coaching-Gruppe als Brainstorming-Übung u.a. zusammengeführt: Couch, Kutsche, kutschieren, begleiten, helfen, Coach (als englischer Begriff = Zugabteil).

Meines Erachtens passt der Begriff „kutschiert“ ganz gut. Der Coach kutschiert den Mitarbeiter oder Coachingnehmer zum Ziel. Natürlich ist es klar, dass der Coachingnehmer sich die Ziele selber erarbeitet und dann versucht diese zu verfolgen. Das ist klar. Der Coach ist dafür da, durch Erfragen den Coachingnehmer zu lenken und in der Spur zu halten. Der Coach ist Begleiter durch die Coaching-Zeit, der Coachingnehmer erarbeitet sich die Zielerreichung schon alleine.

Wertung/ Wahrnehmung passiert beim Storemanager automatisch. Wenn der Storemanager seine Kunden, Lieferanten und Mitarbeiter sieht. Diese

Orientierungshilfe ist ganz normal für den Storemanager. Er versucht einfach die Menschen einzuordnen und eine gewisse Struktur für sich zu erstellen. Ich vergleiche es auch gerne mit einem Scanner. In diesem Falle einem Menschenscanner, das hört sich schlimm an. Ich bin aber der Meinung, dass es einfach jeder macht, der auf neue Menschen trifft.

Um jetzt konkret auf den Punkt Wertung/ Wahrnehmung zu kommen, ist es aus Coaching-Sicht wichtig, dass der Storemanager nicht wertet. Daran arbeite ich immer noch. Das ist ein langer Prozess, denn irgendwie wertet man immer. Wertung/ Wahrnehmung hat, wie oben erwähnt auch mit Orientierung zu tun. Der Mensch braucht das. Ich gehe häufiger durch die Stadt und übe, dass ich nicht werte. Probieren Sie das mal! Das ist nicht so einfach.
Ich sehe einen Mann mit Jogginghose, T-Shirt, Zigarette, Schnauzbart und langen Haaren..... Merken Sie was..... Sie haben das Bild im Kopf..... und..... ja gewiss eine Wertung für sich entwickelt. Das ist klar.

Ich sehe einen Mann mit schönen Schuhen, schönem Anzug, Aktentasche, gepflegtem Haar, einfach ein sehr gepflegtes Äußeres. Es hat sich bei Ihnen ein Bild im Kopf entwickelt und Sie können sich gar nicht dagegen wehren, dass Sie mit diesem Bild eine Wertung entwickeln. Oder???

Diese unterschiedlichen Bilder sollen einfach dazu dienen, dass der Teilbereich „Wertung" in keinster Weise was mit dem äußeren Erscheinungsbild zu tun hat.

Nicht werten hat auch mit Unvoreingenommenheit zu tun. Erst so kann der Storemanager die Stärken der Mitarbeiter entwickeln. Erst wenn der Storemanager sich das Werten mühsam abtrainiert hat, dann kann er unbefangen coachen. Denn Coaching baut auf die Stärken des Mitarbeiters auf. Der Storemanager muss auf Dauer den Mitarbeiter ganz bewusst wahrnehmen und darauf sein Coaching aufbauen. Es ist klar, dass der Storemanager im Arbeitsalltag nicht immer die Zeit hat das Coaching so intensiv durchzuführen, aber es ist möglich, dass der Storemanager sehr bewusst mit dem Mitarbeiter umgeht. Zudem ist es dann auf Dauer wichtig, dass der Storemanager sich genau überlegt, welche zielführenden Fragen er dem Mitarbeiter stellt.

Folgende Vorteile wird der Bereich Wertung/ Wahrnehmung langfristig für den Storemanager bringen:

- Offenheit
- Unvoreingenommenheit
- Verbesserung der Wahrnehmungsfähigkeit
- Schärfen der Sinne
- Sensibilität
- Potenzialentwicklung beim Mitarbeiter
- Persönlichkeitsentwicklung

6.22. 10 Fragen: Wertung/ Wahrnehmung

1. Bin ich bereit mich mit allen Sinnen auf den anderen einzulassen?

___

2. Nehme ich den anderen als Menschen wahr, der Orientierung und Perspektive erwartet?

___

3. Bin ich unvoreingenommen?

___

4. Lasse ich mich von äußerlichen Aspekten beeinflussen? (Hautfarbe, Kleidung, Status)

---

5. Bin ich irgendwie befangen?

---

6. Konzentriere ich mich voll und ganz?

---

7. Bin ich offen für alles, was der Mitarbeiter sagt?

---

8. Sage ich mir im Gespräch, dass ich beschränkt bin?

---

9. Will ich dem Mitarbeiter wirklich helfen?

---

10. Bin ich bereit und präsent?

6.23. Reflexionsfragen

1. Was habe ich gelernt?

---

2. Was mache ich wann, wie und wo?

---

3. Wie nutze ich aus den Erkenntnissen was?

---

4. Was will ich jetzt tun?

---

5. Warum will ich handeln?

6.24. Bereich: Einfachheit

6.25. Einführung: Einfachheit

Dieser Bereich ist meines Erachtens deswegen so wichtig, da heute viele Fachausdrücke, fachspezifische Wörter verwendet werden. Alleine der Bereich „Unterhaltungselektronik“ ist so ein Thema, wo ich für mich überlege: „Diese Informationen, die dort auf den Produktbeschreibungen stehen, die kann doch nicht jeder verstehen, oder bin ich zu blöd?“ Hier stehen neben den Laptops und PC` s zig Ausdrücke, Merkmale und Eigenschaften, aber der Otto-Normal-Verbraucher kommt da doch gar nicht mehr mit.

Meine Erkenntnis als Storemanager ist es komplizierte Dinge, Abläufe, Handlungen so zu vereinfachen, sodass es jeder versteht. Der Mitarbeiter muss Aufgaben und Abläufe klar erkennen, begreifen und umsetzen. Da ist es nicht von Vorteil, wenn der Storemanager mit Fremdwörtern und Fachchinesisch umherwirft. Zudem werden die Mitarbeiter über kurz oder lang innerlich abschalten und nicht mehr zuhören, wenn der Storemanager etwas sagt.

„Keep it simple!“ ist ein Slogan, der mir als Grundsatzidee sehr gut gefällt. Das Leben ist schon kompliziert genug.

6.26. 10 Fragen: Einfachheit

1. Kann ich komplizierte Dinge einfach kommunizieren?

___

2. Verkompliziere ich selber Dinge/ Arbeiten/ Abläufe?

___

3. Drücke ich Anweisungen einfach aus?

___

4. Wie definiere ich „Einfachheit“ für mich?

___

5. Warum ist dem Mitarbeiter Einfachheit so wichtig?

___

6. Wie reagieren Mitarbeiter auf komplizierte Formulierungen?

___

7. Wofür ist „Einfachheit“ noch vorteilhaft?

___

8. Nutze ich einfache und verständliche Worte?

___

9. Was verbinde ich mit Einfachheit?

___

10. Was soll Einfachheit in Zukunft bringen?

____

6.27. Reflexionsfragen

1. Was habe ich gelernt?

____

2. Was mache ich wann, wie und wo?

____

3. Wie nutze ich aus den Erkenntnissen was?

____

4. Was will ich jetzt tun?

____

5. Warum will ich handeln?

____

7. Bereich: Motivation

7.1. Einführung: Motivation

(„Ich mache das, was ich mache. Mit Liebe, Hingabe, Begeisterung und Leidenschaft“) Christoph Winter

Motivation ist ein schönes Wort. Auch hier versuche ich ein anderes Wort zu verwenden, was es etwas einfacher beschreibt und zwar „Verhaltensbereitschaft“. Diese Verhaltensbereitschaft entscheidet darüber, wie man gewisse Aufgaben angeht. Dazu fällt mir gerade ein gutes Zitat ein: „Der Mensch macht das gerne, was ihn bestätigt!“

Motivation bezeichnet das auf emotionaler und neuronaler Aktivität (Aktivierung) beruhende Streben des Menschen nach Zielen oder wünschenswerten Zielobjekten. Die Gesamtheit der Beweggründe (Motive), die zur Handlungsbereitschaft führen, nennt man Motivation. Die Umsetzung von Motiven in Handlungen nennt man Volition oder Umsetzungskompetenz. Die Bezeichnung Motivation ist auf das lateinische Verb „movere" (bewegen, antreiben) zurückzuführen. (vgl. Wikipedia)

Meines Erachtens ist die Motivation Grundlage für den Storemanager. Hier kann man die intrinsische (von innen) und extrinsische (von außen) Motivation nennen. Langfristig bin ich der Überzeugung, dass die intrinsische Motivation nur die einzig Wahre sein kann. Es ist einfach der Antrieb, etwas zu gestalten, etwas anzuschieben, etwas zu bewegen, etwas zu starten, etwas zu entwickeln.

Die extrinsische basiert auf die Motivation von außen. Das bedeutet, dass man sich davon einen Vorteil (Belohnung) verspricht oder Nachteile (Bestrafung) vermeiden möchte. (vgl. Wikipedia).

Die Mitarbeiter merken, ob der Storemanager motiviert ist. Aber woran erkennt man das?

Ich bin davon überzeugt, dass man die Motivation des Storemanagers an folgenden Merkmalen erkennt:

Einstellung:

- Wie denkt der Storemanager?
- Wie geht der Storemanager mit Problemen um?
- Welchen Stellenwert hat Arbeit für ihn?
- Was bedeutet Arbeit für ihn?
- Ist Arbeit überhaupt Arbeit für ihn?
- Wie ist der Begriff „Arbeit" für den Storemanager in seinem Kopf verankert?

Praxisbeispiel:

Ich stand gerade in der Jobwechselphase und wurde in einem anderen Store in einem Outlet-Center eingearbeitet. Dort habe ich folgendes mitgehört:

Eine Mitarbeiterin sagte am 10.3. zu einer Kollegin:

	„Man, bald habe ich Urlaub!“
Daraufhin fragte die Kollegin:	„Wann denn?“
Die Mitarbeiterin antwortete:	„Ab dem 28.4.!“
Überrascht erwiderte die Kollegin:	„Oh, das ist ja noch lange hin!“
Ernüchternd die Reaktion der Mitarbeiterin:	„Ach ja, ich arbeite darauf hin!“

Genau diese Einstellung möchte ich auf keinen Fall irgendwann haben. Entscheidend ist doch, dass man den Augenblick leben muss. Dieses „auf etwas hinarbeiten“ ist zwar nicht schlecht, aber die Arbeit muss doch Spaß machen und Erfüllung bringen. Da wir ca. 75% des Tages mit der Arbeit verbringen (Hinweg, Arbeit, Rückweg) ist es doch eindeutig, dass diese 75% des Tages qualitativ vernünftig genutzt werden sollten.

Interesse:

- Wie geht der Storemanager mit der Ware um?
- Spricht er mit den Mitarbeitern über Ware, Sortiment?
- Wie spricht er über den Arbeitgeber?
- Was bedeutet für ihn das Aufgabengebiet (Storemanagement)

Kommunikation:

- Wie kommuniziert der Storemanager mit seinen Mitarbeitern?
- Ist seine Kommunikation positiv, antreibend?
- Ist seine Kommunikation synchron mit Mimik und Gestik?
- Kommuniziert der Storemanager überhaupt?
- Ist es eine motivierende Kommunikation aus Mitarbeitersicht?

Mimik und Gestik:

- Ist diese grundlegend offen?
- Sind Mimik und Gestik positiv?
- Passen Mimik und Gestik überhaupt zusammen?

Begeisterung:

- Ist der Storemanager begeisterungsfähig?
- Macht der Storemanager seinen Job gerne?
- Will der Storemanager diesen Job im Unternehmen machen?
- Ist die Begeisterung authentisch?
- Kann der Storemanager die Begeisterung auf seine Mitarbeiter übertragen?
- Brennt der Storemanager?

Antrieb:

- Hat der Storemanager einen hohen Eigenantrieb?
- Will er überhaupt anschieben?
- Denkt er nach vorne?
- Setzt er sich und seinen Mitarbeitern Ziele?

Zielorientierung:

- Will er Ziele erreichen?
- Will er herausfordernde Ziele erreichen?
- Will er vorankommen?
- Wie fühlt sich der Storemanager nach Zielerreichung?
- Warum braucht er Ziele?

Teamorientierung:

- Ist er Teamplayer?
- Lässt er andere gut aussehen?

- Entwickelt er gerne andere?
- Verteilt er gerne Verantwortung?
- Übergibt er gerne Projekte?
- Ist Delegation für ihn selbstverständlich?

Selbstreflexion:

- Ist der Storemanager in der Lage sich selber zu reflektieren?
- Will er das überhaupt?
- Betrachtet der Storemanager die Selbstreflexion als Entwicklungstool?
- Führt er die Selbstreflexion in regelmäßigen Abständen durch?
- Macht er Termine mit sich selbst, um die Selbstreflexion durchzuführen?

7.2. 10 Fragen: Motivation

1. Was treibt mich an?

___

2. Welche Umstände müssen vorhanden sein, sodass ich motiviert bin?

___

3. Wann bin ich begeistert?

___

4. Wofür brenne ich?

___

5. Aus welchen Gründen würde ich sogar bis tief in die Nacht an einer Aufgabe bzw. Projekt sitzen?

___

6. Was demotiviert mich?

---

7. Wann gehe ich bestimmte Aufgaben mit 100% Leidenschaft an?

---

8. Warum freue ich mich auf etwas?

---

9. Warum freue ich mich auf die Arbeit?

---

10. Was bewirkt eine positive Grundeinstellung?

7.3. Reflexionsfragen

1. Was habe ich gelernt?

---

2. Was mache ich wann, wie und wo?

---

3. Wie nutze ich aus den Erkenntnissen was?

---

4. Was will ich jetzt tun?

---

5. Warum will ich handeln?

____

7.4. Bereich: Jobmotivation

7.5. Einführung: Jobmotivation

Hier gibt es für mich nur einen Grundsatz: „Wenn ich morgens aufstehe, will ich gerne meinen Job machen!“

7.6. 10 Fragen: Jobmotivation

1. Was kann ich gut?

____

2. Was geht mir so von der Hand?

____

3. Welche Talente habe ich?

____

4. Was muss mir der Job bieten, damit ich erfüllt bin?

____

5. Warum gehe ich gerne zur Arbeit?

____

6. Wie will ich mich beim Job fühlen?

____

7. Was bestätigt mich?

____

8. Was bedeutet Arbeit für mich und was verbinde ich damit?

---

9. Bin ich beim richtigen Arbeitgeber?

---

10. Bin ich im richtigen Job?

7.7. Reflexionsfragen

1. Was habe ich gelernt?

---

2. Was mache ich wann, wie und wo?

---

3. Wie nutze ich aus den Erkenntnissen was?

---

4. Was will ich jetzt tun?

---

5. Warum will ich handeln?

---

8. Bereich: „Ich“ (Liebe deinen Nächsten *wie* Dich selbst)

8.1. Einführung „Ich“

Der Storemanager muss sein „Ich“ beleuchten, in Frage stellen und entwickeln wollen. Er hat eine gewisse Selbstwahrnehmung und sein Umfeld nimmt ihn wahr. Gut wäre es, wenn sich diese Wahrnehmungen decken würden. Der Storemanager ist wie eine Eigenmarke und muss an seinem Profil arbeiten. Er sollte sich in bestimmten Abständen selbst reflektieren und sich Fragen stellen:

- Wofür stehe ich?
- Was lebe ich?
- Was transportiere ich?
- Wie will ich sein?
- Wie will ich wahrgenommen werden?
- Welche Charaktermerkmale sind mir wichtig?

Das Ergebnis ist eine Merkmals-Liste, die der Storemanager für sich herausgearbeitet hat. Damit kann er arbeiten und an sich selber arbeiten.
Der Storemanager ist nie komplett und es gibt immer Baustellen, die er zu bearbeiten hat. Das „Ich“ ist nie fertig und im ständigen Entwicklungsprozess. Und wenn das „Ich“ lange nicht entwickelt wurde, dann wird es von außen eine Einwirkung geben, die die Entwicklung vorantreiben wird. Es gibt kein Zurück. Wir leben nach vorne, aber verstehen tun wir viele Dinge erst im nach hinein.

8.2. 10 Fragen: Ich

1. Warum denke ich nicht an mich?

---

2. Warum fällt es mir so schwer an mich zu denken?

---

3. Wer hindert mich daran?

---

4. Warum bin ich so pflichtbewusst?

---

5. Warum denke ich an andere, wenn es mir schlecht geht?

---

6. Bin ich mir nicht wichtig genug?

---

7. Warum sind andere Probleme wichtiger als meine eigenen?

---

8. Wie konnte es soweit kommen, dass ich mich nicht so wichtig nehme?

---

9. Wie kann ich die aktuelle Situation ändern?

---

10. Was will ich in Zukunft speziell für mich tun?

8.3. Reflexionsfragen

1. Was habe ich gelernt?

____

2. Was mache ich wann, wie und wo?

____

3. Wie nutze ich aus den Erkenntnissen was?

____

4. Was will ich jetzt tun?

____

5. Warum will ich handeln?

____

8.4. Bereich: Richtung (Build your own future)

8.5. Einführung: Richtung (Build your own future)

Dieses Kapitel möchte ich gerne mit folgendem Zitat beginnen: „Wer der Herde folgt, sieht immer nur Ärsche!"

Viele Menschen leben einfach nicht Ihr Leben, sondern das Leben anderer. Sie konzentrieren sich nicht auf sich, sondern auf andere. Sie wollen es anderen recht machen, damit andere damit zufrieden sind. Aber ist das auf Dauer erstrebenswert? Natürlich muss man erst mal dahinkommen, dass man selber was will und dazu gehört auch eine große Portion Selbstvertrauen. Aber wenn man erst mal weiß, was man kann und wie es umsetzbar ist, dann wird es vorangehen. Der Schritt in eine selbstbestimmte Zukunft und in ein selbstbestimmtes Leben ist nicht einfach, denn es ist mit

Sicherheit einfacher und mit weniger Aufwand verbunden, wie oben beschrieben „den Ärschen zu folgen“.

Also, was hält dich auf?

Oder wie Udo Lindenberg es so schön besingt: „Ich mach mein Ding!“

8.6. 10 Fragen: Richtung (Build your own future)

1. Was will ich wirklich?

___

2. Was ist mir wichtig?

___

3. Was sind meine Stärken?

___

4. Wann fühle ich mich wohl?

___

5. Wie stelle ich mir mein Leben vor?

___

6. Was gehört für mich zu einem perfekten Leben?

___

7. Wie muss ich mein Leben ändern, sodass ich zufrieden bin?

___

8. Welche Bereiche sind gut, welche muss ich ändern?

___

9. Was bedeutet Zukunft für mich?

___

10. Was bedeutet Handeln für mich?

___

8.7. Reflexionsfragen

1. Was habe ich gelernt?

___

2. Was mache ich wann, wie und wo?

___

3. Wie nutze ich aus den Erkenntnissen was?

___

4. Was will ich jetzt tun?

___

5. Warum will ich handeln?

___

8.8. Bereich: Entwicklung

8.9. Einführung: Entwicklung

Entwicklung ist ein Begriff, der wichtig ist. Jeder ist heute dazu verpflichtet sich zu entwickeln. Entwicklung ist ein normaler Prozess, um seine

Potenziale zu erforschen und so einzubringen, dass man selber und andere davon profitieren. Man kann lernen, Dinge probieren, Menschen entwickeln Menschen, Menschen beeinflussen Menschen. Für mich hat Entwicklung auch was mit auswickeln zu tun. Das heißt Entwicklungsprozesse müssen nicht immer gleich verlaufen. Manchmal passieren Dinge im Leben, die man in keinster Weise vorhersieht. Die Folgen davon können Überforderung, Überlastung, Niedergeschlagenheit, Ausgebranntheit, emotionale Tiefs sein. Das konkrete Beispiel wäre der Verlust eines nahestehenden Menschen. Ich habe gedacht ich drehe durch, als ich diese Situation durchgemacht habe, da ich mich von dieser Seite noch gar nicht kennengelernt habe. Alles ist anders und die Parameter verschieben sich. Doch wenn das „Megatief" durchschritten ist, dann habe ich bemerkt, wird es eine Weiterentwicklung geben, die einen reifen lassen. Für mich ist dieses auch eine Entwicklung, aber auf sehr schmerzhaftem Wege.

8.10. 10 Fragen: Entwicklung

1. Bin ich mit meiner Entwicklung zufrieden?

___

2. Setze ich mir realistische Ziele?

___

3. Was will ich erreichen?

___

4. Was bedeuten Fehler für mich?

___

5. Bin ich mit Job und Privatleben zufrieden?

---

6. In welchen Bereichen bestehen Entwicklungsmöglichkeiten?

---

7. Bin ich selbstkritisch genug?

---

8. Was ist für mich erstrebenswert?

---

9. Was will ich aus welchem Grund machen?

---

10. Welche Talente nutze ich kaum?

8.11. Reflexionsfragen

1. Was habe ich gelernt?

---

2. Was mache ich wann, wie und wo?

---

3. Wie nutze ich aus den Erkenntnissen was?

---

4. Was will ich jetzt tun?

---

5. Warum will ich handeln?

8.12. Bereich: Offenheit

8.13. Einführung: Offenheit

Offenheit hört sich gut an. Ich habe mir vorgenommen immer offen zu sein, aber ist das wirklich immer so? Es ist manchmal anstrengend, denn es ist einfacher sich an den vorhandenen Strukturen, Abläufen, Zuständen zu orientieren. Doch heute muss ich offen sein, denn ansonsten werde ich als Storemanager nicht lange meinen Job machen können. Ich muss offen für Neues sein, denn wenn man mal ehrlich ist, dann kommen viele Anregungen von außen (Freunde, Verwandte, Kollegen).

Offenheit heißt für mich:

- Neugier
- Neues zulassen wollen
- Neue Anregungen mit vorhandenen Strukturen, Abläufen vergleichen
- In Frage stellen
- Chancen zur Verbesserung
- Veränderung zulassen
- Alternativen überdenken
- In Frage stellen vom Ist-Zustand

8.14. 10 Fragen: Offenheit

1. Lasse ich Neues überhaupt zu?

---

2. Ist „Out-of-the-Box-Denken“ nicht nur ein Begriff für mich?

___

3. Stelle ich meine Offenheit in Frage?

___

4. Wie definiere ich Offenheit?

___

5. Welchen Stellenwert hat Offenheit in meinem Leben?

___

6. Wofür ist Offenheit so wichtig?

___

7. Welche Assoziationen habe ich mit Offenheit?

___

8. Warum Offenheit?

___

9. Welches andere Wort würde ich für Offenheit einsetzen?

___

10. Wann will ich mit mehr Offenheit denken und handeln?

___

8.15. Reflexionsfragen

1. Was habe ich gelernt?

___

2. Was mache ich wann, wie und wo?

___

3. Wie nutze ich aus den Erkenntnissen was?

___

4. Was will ich jetzt tun?

___

5. Warum will ich handeln?

___

8.16. Bereich: Stärken

8.17. Einführung: Stärken

Das ist eines meiner Lieblingsthemen, denn ich habe im Laufe der Jahre gelernt, dass man sich lieber auf seine Stärken konzentrieren sollte. Dazu muss man natürlich wissen, welche Stärken man hat. Das ist Grundlage für eine persönliche Stärkenanalyse. Diese sollte man ganz in Ruhe mit sich selber machen. Wenn man da aber nicht weiterkommt, ist sicherlich ein Coaching-Gespräch angebracht. Dieses wird neue Erkenntnisse über die persönlichen Stärken bringen. Garantiert.

Durch den Coaching-Kurs, den ich gerade absolviere ist mir klar geworden, dass jeder Mensch bestimmte Stärken hat und das Coaching auf die Stärken des Menschen aufbaut. Man macht den Menschen nicht schlecht mit seinen Fehlern und Makeln, sondern man konzentriert sich auf das, was der Mensch gut kann. Konzentration auf das Gute und Förderung der guten Eigenschaften. Diese Kernaussage finde ich einfach gut, denn dadurch fühlt sich auf Dauer jeder, der mal ein Coaching gemacht hat, stark.

8.18. 10 Fragen: Stärken

1. Was kann ich gut?

____

2. Worauf kann ich aufbauen?

____

3. Wenn ich mich beurteile, welche Stärken haben mich angetrieben?

____

4. Warum sind Stärken wichtig?

____

5. Konzentriere ich mich darauf?

____

6. Schweife ich manchmal von meinen Stärken ab?

____

7. Wieso bin ich stark?

____

8. Will ich stark sein?

____

9. Welches andere Wort würde ich für Stärke einsetzen?

---

10. Womit verbinde ich Stärke?

8.19. Reflexionsfragen

1. Was habe ich gelernt?

---

2. Was mache ich wann, wie und wo?

---

3. Wie nutze ich aus den Erkenntnissen was?

---

4. Was will ich jetzt tun?

---

5. Warum will ich handeln?

8.20. Bereich: Selbstverpflichtung

8.21. Einführung: Selbstverpflichtung

Als Storemanager ist es wichtig, dass ich eine hohe Eigenmotivation habe und daraus eine gewisse Selbstverpflichtung ableite. Diese Selbstverpflichtung zeigt sich darin, dass ich mir selber Aufgaben vornehme und Ziele setze. Diese Ziele können täglich, wöchentlich, monatlich, halbjährlich und auch jährlich gesetzt werden. Das liegt ganz im Ermessen des Storemanagers. Entscheidend ist nur, dass der Storemanager sich zu gewissen Zielen selbst verpflichtet. Er sollte sich diese Ziele schriftlich festhalten und diese immer griffbereit haben. Weiterhin ist es wichtig, dass er sich selber kontrolliert und wenn es sein muss, sich in den Hintern tritt. Grundlage für die Selbstverpflichtung sind meiner Meinung: Eigendisziplin, Zielorientierung, Eigeninitiative, Durchhaltevermögen, Hartnäckigkeit und eine große Portion Energie. Bei Erreichung der selbst gesteckten Ziele fühlt man sich gut und man muss den Erfolg feiern.

8.22. 10 Fragen: Selbstverpflichtung

1. Setze ich mir ehrgeizige, aber realistische Ziele?

___

2. Halte ich diese schriftlich fest?

___

3. Bin ich konsequent?

___

4. Will ich Ziele erreichen?

___

5. Wie fühle ich mich nach erreichten, selbst vorgenommenen Dingen?

___

6. Was bringt mir das?

___

7. Bin ich faul?

---

8. Warum lasse ich mich gehen?

---

9. Was kann ich anderen darüber erzählen?

---

10. Ist Selbstverpflichtung auch Selbstverantwortung?

8.23. Reflexionsfragen

1. Was habe ich gelernt?

---

2. Was mache ich wann, wie und wo?

---

3. Wie nutze ich aus den Erkenntnissen was?

---

4. Was will ich jetzt tun?

---

5. Warum will ich handeln?

8.24. Bereich: Beschränktheit

8.25. Einführung: Beschränktheit

Ich bin beschränkt! Das hört sich im ersten Moment schlimm an, ist aber korrekt. Ich wiederhole es noch einmal: Ich bin beschränkt!

Dieser Grundsatz kommt aus dem Coaching und soll mich daran erinnern, dass ich Denkbarrieren habe. Wenn ein Mitarbeiter mich auf Situationen, Innovationen, Abläufe anspricht, dann bin ich erst einmal festgelegt. Ich habe bestimmte Erfahrungen gemacht, Dinge probiert und Ergebnisse erhalten. Diese Ergebnisse haben sich bei mir gefestigt und wurden als Erfahrung bei mir abgelegt. Um Neues zulassen zu können ist es wichtig, dass ich diese Beschränkung weiß. Wenn ich das zulasse, dann bin ich bereit mich auf Neues einzulassen, mich zu öffnen, Neues von außen zuzulassen. Ich muss mich auf neue Ideen und Anregungen einlassen, denn nur so entwickeln sich bessere Abläufe, Strukturen und natürlich die Menschen.

Ich muss mich einlassen!

8.26. 10 Fragen: Beschränktheit

1. Was bedeutet Beschränktheit?

___

2. Warum bin ich beschränkt?

___

3. Wie kann ich die Beschränktheit auflockern?

___

4. Warum ist Beschränktheit wichtig?

___

5. Wie bringt Beschränktheit weiter?

---

6. Welche Assoziationen habe ich mit Beschränktheit?

---

7. Welche anderen Worte kann ich für Beschränktheit einsetzen?

---

8. Warum sind Leute beschränkt?

---

9. Welche Vorteile hat Beschränktheit auch?

---

10. Welche Wege gibt es sich aus der Beschränktheit zu lösen?

8.27. Reflexionsfragen

1. Was habe ich gelernt?

---

2. Was mache ich wann, wie und wo?

---

3. Wie nutze ich aus den Erkenntnissen was?

---

4. Was will ich jetzt tun?

---

5. Warum will ich handeln?

8.28. Bereich: Machen

8.29. Einführung: Machen

Hier fällt mir spontan ein Zitat eines Vorgesetzten ein, das da lautet: „Was ist der Unterschied zwischen einem Macher und einem Zögerer?

Der Macher zögert nicht, der Zögerer macht nicht."

Ich bin der festen Überzeugung, dass dieses Zitat den Nagel auf den Kopf trifft. Gerade Führungskräfte, wie der Storemanager müssen Macher sein, da es einfach von Ihnen erwartet wird. Der Kunde erwartet es, die Mitarbeiter erwarten es, Lieferanten erwarten es, Geschäftspartner erwarten es. Macher sind Praktiker und handeln praxisorientiert. Diese Fähigkeit ist deswegen so wichtig, da auf jeden Fall Feedback und Ergebnisse dabei herauskommen.

Voraussetzung für das Machen sind in meinen Augen:

- Mut
- Selbstvertrauen/Positives Denken
- Handlungsfähigkeit
- Entschlossenheit
- Praxisorientierung
- Wille
- Bereitschaft
- Ergebnisorientierung
- Risikobereitschaft/Fehlerbereitschaft
- Lernbereitschaft
- Selbstakzeptanz

8.30. 10 Fragen: Machen

1. Was nehme ich mir heute vor?

___

2. Was kann ich selber aktiv beeinflussen?

___

3. Warum sage ich was, mache es aber nicht?

___

4. Wie wirkt sich „Machen“ auf das Selbstbewusstsein aus?

___

5. Warum ist „Machen“ so wichtig?

___

6. Was haben andere davon?

___

7. Welche Vorteile hat „Machen“?

___

8. Weshalb zögere ich?

___

9. Wie will ich „Machen“ mehr in den Tagesablauf einbauen?

___

10. Macht „Machen“ glücklich?

____

8.31. Reflexionsfragen

1. Was habe ich gelernt?

____

2. Was mache ich wann, wie und wo?

____

3. Wie nutze ich aus den Erkenntnissen was?

____

4. Was will ich jetzt tun?

____

5. Warum will ich handeln?

____

8.32. Bereich: Glücklich sein

8.33. Einführung: Glücklich sein

Wer sich mal intensiver mit dem Thema Glück auseinandersetzt, der wird sich zwangsläufig sehr stark mit sich und seinem Umfeld beschäftigen. Glück ist so eine Sache. Wenn ich zu jemanden sage: „Ich bin heute glücklich!“ werde ich häufig komisch angeguckt. Warum? Ist denn Glück nicht ein erstrebenswerter Zustand? Was bedeutet Glück?

Kernthema ist meines Erachtens, dass man sich selber in Frage stellt und für sich klar definiert, was man zum Glück überhaupt braucht oder nicht braucht. Ansonsten rennt man irgendwelchen Idealen hinterher und letztendlich weiß man gar nicht aus welchen Gründen. Ich bin zu dem Ergebnis gekommen, dass die Dinge, die zum Glück notwendig sind, bereits vorhanden sind. Bedeutet konkret: keine Luxusautos, keine großen Häuser, keine Luxusartikel etc. Es sind die einfachen Dinge wie Gesundheit, Freunde, Sport, Freiheit, Balance und Z E I T.

8.34. 10 Fragen: Glücklich sein

1. Bin ich mit der jetzigen Situation glücklich?

___

2. Wenn nicht, aus welchen Gründen nicht?

___

3. Was muss passieren, damit ich glücklich bin?

___

4. Wie fühlt sich Glück für mich an?

___

5. Warum unternehme ich nichts für mein Glück?

___

6. Warum lasse ich alles dahinplätschern?

___

7. Habe ich das Recht glücklich zu sein?

___

8. Welche Dinge, Ereignisse, Lebensumstände, Beziehungen. Menschen bedeuten Glück für mich?

____

9. Wofür will ich Glück?

____

10. Weshalb ist Glück für mich wichtig?

____

8.35. Reflexionsfragen

1. Was habe ich gelernt?

____

2. Was mache ich wann, wie und wo?

____

3. Wie nutze ich aus den Erkenntnissen was?

____

4. Was will ich jetzt tun?

____

5. Warum will ich handeln?

____

8.36. Bereich: Gesundheit

8.37. Einführung: Gesundheit

Das Arbeitsleben und das Leben sind häufig von Hektik, Abläufen, To-Do-Lists geprägt. Da kümmert man sich häufig nicht um die Grundlage. Die Gesundheit. Der Körper leistet täglich Großartiges, das man im Alltag einfach vergisst bzw. als selbstverständlich voraussetzt. Das Herz schlägt bei einem Erwachsenen 100.000 mal pro Tag. Dabei befördert es fünf Liter Blut pro Minute durch den Körper. Was für ein Wunderwerk. Auch die anderen Organe, sie vollbringen täglich Unglaubliches. Man muss einfach respektvoller mit seinem Körper umgehen. Wir haben nur den einen und es gibt keinen zweiten. Wir müssen den Bereich Gesundheit in den alltäglichen Ablauf einbauen, sodass wir so lange wie möglich ein qualitativ gutes Leben führen können.

In diesem Zusammenhang fällt mir ein Zitat aus meiner Sportartikelkaufmannausbildung ein. In einer Sportzeitschrift wurde folgende Frage gestellt: „Warum soll der Mensch Sport treiben?“ Die kurze Antwort war folgende: „Um dem altersbedingten Leistungsabfall entgegenzuwirken!“
Das ist doch ein schöner Antrieb, oder nicht??

8.38. 10 Fragen: Gesundheit

1. Wann fühle ich mich gesund?

___

2. Warum ist mir meine Gesundheit so wichtig?

___

3. Was tue ich heute für meine Gesundheit?

___

4. Was tut mir gut?

____

5. Warum ist mir Sport so wichtig?

____

6. Was löst Sport bei mir aus?

____

7. Welche sportlichen Ziele will ich in den nächsten 12 Monaten erreicht haben?

____

8. Warum treibe ich heute keinen Sport?

____

9. Wie integriere ich Sport in den Alltag?

____

10. Welchen Sport habe ich als Kind gerne gemacht?

____

8.39. Reflexionsfragen

1. Was habe ich gelernt?

____

2. Was mache ich wann, wie und wo?

____

3. Wie nutze ich aus den Erkenntnissen was?

---

4. Was will ich jetzt tun?

---

5. Warum will ich handeln?

8.40. Bereich: Profil

8.41. Einführung: Profil

Den Begriff Profil gibt es in unterschiedlichen Bereichen, u.a. auch bei der Jobbeschreibung. Diese kann auch Jobprofil genannt werden. Hier wird klar definiert und festgelegt, was zum Beispiel der Storemanager machen muss. Aufgaben, Fähigkeiten, Fertigkeiten, Verantwortungsbereiche werden hier klar festgelegt, sodass der Storemanager eine Anleitung hat, was er alles können und beherrschen muss. Ich finde, dass dieses Profildenken auch auf die eigene Persönlichkeit umsetzbar ist. Das bedeutet, dass man selber für sich ein Profil erarbeitet, um dadurch noch klarer und unverwechselbarer zu sein.

Die Vorteile werden sein:

- Schärfung des eigenen Profils
- Eindeutigkeit
- Klarheit
- Unverwechselbarkeit
- Wiedererkennungswert
- Schaffung einer klaren Identität
- Entwicklung einer Eigenmarke

8.42. 10 Fragen: Profil

1. Weiß ich wofür ich stehe?

____

2. Wissen meine Mitarbeiter für welche Attribute ich stehe?

____

3. Sind die Attribute klar und eindeutig?

____

4. Welche Attribute will ich verbessern?

____

5. Weiß jeder Mitarbeiter was ich will?

____

6. Kann jeder Mitarbeiter mir folgen?

____

7. Wie kann ich mein Profil schärfen?

____

8. Welche drei Eigenschaften sind typisch für mich?

____

9. Was denken meine Mitarbeiter, welche Eigenschaften typisch für mich sind?

____

10. Wenn es zwischen Punkt 8. und 9. Differenzen gibt aus welchen Gründen?

____

8.43. Reflexionsfragen

1. Was habe ich gelernt?

____

2. Was mache ich wann, wie und wo?

____

3. Wie nutze ich aus den Erkenntnissen was?

____

4. Was will ich jetzt tun?

____

5. Warum will ich handeln?

____

8.44. Bereich: Authentizität

8.45. Einführung: Authentizität

Diesen Begriff höre ich häufiger. Das letzte Mal habe ich ihn von meinem Personalberater gehört. Ich war in der Vorbereitung auf ein Vorstellungsgespräch und er sagte: „Herr Winter seien Sie einfach authentisch!“ Das hat mir gut gefallen und habe mir diesen Leitsatz zu Herzen genommen. In den kommenden Vorstellungsgesprächen war ich authentisch und habe auch kein Blatt vor den Mund genommen. Ich bin ein

Typ, der gerade raus ist. Das ist nicht schön für jeden, aber das ist authentisch für mich.

Diese Verhaltensweise hat sich bei meinem jetzigen Arbeitgeber ausgezahlt, denn er sagte mir: „Herr Winter, wir haben uns für Sie entschieden, da Sie ein Typ sind!“ Das war für mich die Bestätigung, auf die ich lange gewartet hatte. Mein Chef soll mich so nehmen wie ich bin und darauf aufbauend mich entwickeln.

Auch habe ich mir abgewöhnt mich zu verstellen oder anderen nach dem Mund zu reden. Unterm Strich wird es nachher in der Praxis doch rauskommen, ob man derjenige ist, den man vorgibt zu sein.

In einem Vorstellungsgespräch wollte ein Vorgesetzter hören, was für mich Authentizität bedeutet, da habe ich die folgenden Begriffe genannt und mit Praxisbeispielen untermauert:

Offenheit:	Ich höre mir Vorschläge von meinen Mitarbeitern unvoreingenommen und offen an.
Klarheit:	Ich spreche klar und deutlich das an, was ich will.
Transparenz:	Ich kommuniziere Umsätze etc. ganz transparent.
Teamorientierung:	Ich bin Teil des Teams, aber der Chef.
Einsatz:	Ich arbeite gerne und hart, da ich Vorbild sein muss.
Bereitschaft:	Ich will arbeiten und arbeite auch von 6 – 23 Uhr.
Flexibilität:	Ich bin da, wenn ich gebraucht werde.

Ich bin authentisch!

8.46. 10 Fragen: Authentizität

1. Bin ich authentisch?

___

2. Muss ich mich wegen irgendwas oder jemanden verstellen?

___

3. Handle ich authentisch und bin nicht fremdgesteuert?

___

4. Bin ich greifbar?

___

5. Sind meine Aussagen klar und deutlich?

___

6. Rede ich mit einfachen Worten?

___

7. Verstehen mich andere?

___

8. Hat das, was ich sage, Hand und Fuß?

___

9. Stehe ich zu mir und zu meinen Aussagen?

___

10. Was verbinde ich mit Authentizität?

8.47. Reflexionsfragen

1. Was habe ich gelernt?

---

2. Was mache ich wann, wie und wo?

---

3. Wie nutze ich aus den Erkenntnissen was?

---

4. Was will ich jetzt tun?

---

5. Warum will ich handeln?

8.48. Bereich: Veränderung

8.49. Einführung: Veränderung

Viele Menschen sehen in der Veränderung etwas Bedrohliches. Das ist einfach sehr schade, denn diese Menschen nehmen sich die Möglichkeit neue Erfahrungen zu sammeln und eine Entwicklung voranzutreiben. Veränderungen kommen manchmal aus heiterem Himmel und manchmal hat man darauf lange hingearbeitet. Ich denke, dass es heute wichtig ist, dass Veränderung ein ganz normaler Prozess ist, denn alles ist in Fluss. Veränderung ist normal, Stillstand ist nicht normal. Entwicklung ist ein natürlicher Prozess, der immer weitergeht.

Veränderung bedeutet für mich:

- Neue Ziele
- Neue Erfahrungen
- Neue Menschen
- Neue Inspirationen
- Neue Anreize
- Neue Ideen
- Neue Seiten, die man bis dahin noch nicht an sich kennengelernt hat
- Neue Projekte

8.50. 10 Fragen: Veränderung

1. Was verbinde ich mit Veränderung?

___

2. Warum wehre ich mich dagegen?

___

3. Wie kann ich positiver mit Veränderung umgehen?

___

4. Was soll Veränderung in Zukunft für mich bedeuten?

___

5. Aus welchen Gründen ist Veränderung wichtig?

___

6. Was kann Veränderung auslösen?

___

7. Welche Lebensbereiche müssten geändert werden?

---

8. Warum müsste Veränderung her?

---

9. Wie fühlt sich Veränderung an, wenn es ein normaler Prozess ist?

---

10. Veränderung bedeutet für mich was?

8.51. Reflexionsfragen

1. Was habe ich gelernt?

---

2. Was mache ich wann, wie und wo?

---

3. Wie nutze ich aus den Erkenntnissen was?

---

4. Was will ich jetzt tun?

---

5. Warum will ich handeln?

8.52. Bereich: Träumen

8.53. Einführung: Träumen

Zu diesem Kapitel fallen mir gleich mehrere Zitate von bestimmen Menschen ein, die ich positiv wie negativ interpretiere.

„Träume sind Schäume", das ist mir zu negativ und ohne positive Aussicht.

„Was Sie erträumen können, können Sie auch tun", das ist motivierend.

„I have a dream", das wirkt sich positiv auf das Denken aus.

Meiner Meinung ist das Träumen ein ganz wichtiger Bestandteil des Menschen, denn wenn man ganz entspannt auf dem Balkon sitzt und träumt, sich Dinge und Zustände vorstellt, dann ist das schon mal ein erster Schritt, um die Träume in die Tat umzusetzen. Das Träumen beinhaltet auch das Visualisieren von Zielen und Zuständen. Ich stelle mir beim Träumen vieles einfach bildlich vor, sodass sich diese Bilder intensiver im Bewusstsein verankern. Bilder bekräftigen Zustände.

„Wer nicht träumt, kann auch nichts erreichen" (Christoph Winter)

8.54. 10 Fragen: Träumen

1. Welche Träume habe ich?

____

2. Verfolge ich diese?

____

3. Wenn nein, warum nicht?

____

4. Habe ich das Träumen verlernt?

____

5. Warum sind Träume so wichtig?

---

6. Sind es „**meine**“ Träume, die ich verfolge?

---

7. Was passiert beim „Träumen“?

---

8. Was erschaffe ich beim Träumen?

---

9. Habe ich meine Träume aufgeschrieben?

---

10. Wie fühlt es sich an, wenn ich mir Träume erfülle?

8.55. Reflexionsfragen

1. Was habe ich gelernt?

---

2. Was mache ich wann, wie und wo?

---

3. Wie nutze ich aus den Erkenntnissen was?

---

4. Was will ich jetzt tun?

---

5. Warum will ich handeln?

Schlussworte:

Wer sich diese Fragen ernsthaft beantwortet, der kommt weiter!

Printed by Books on Demand GmbH, Norderstedt / Germany